大展好書　好書大展
品嘗好書　冠群可期

簡化太極拳 5

孫式太極拳十三式

孫劍雲／編著

大展出版社有限公司

作者簡介

孫劍雲，孫祿堂之女，1914年6月生於北京。1995年被評爲「中國當代十大武術名師」之一。中國武術研究院特邀研究員，北京市西城區政協委員，中國武術段位制九段，曾擔任北京市武術協會副主席，孫式太極拳研究會會長。

孫劍雲自9歲起跟隨其父學練太極拳、推手及各種器械，深得眞傳，功夫頗深，修武近八十年。從17歲開始教授太極拳，學生遍及世界各地。主要著作有《孫氏太極拳》《孫氏太極拳簡化套路》《形意八式》《純陽劍》《孫氏太極拳特點和要求》《孫氏太極拳、劍》《孫祿堂武學錄》等，同時出版了多種教學片，發行全國各地。

編者的話

太極拳是在中華民族博大精深的傳統文化中孕育、產生和發展起來的一種拳術,在我國有著廣泛和深厚的群眾基礎。特別是太極拳的修身養性、強身健體和祛病延年的功效,吸引了千千萬萬的愛好者,並透過習練而從中獲益。

在現代社會經濟高速發展的快節奏生活中,太極拳運動更有著不可低估的價值,它有利於練習者養成良好的生活習慣,增強自信,增進健康,緩解各種壓力,建立良好的人際關係,從而提升生活質量。為此,我社特邀目前國內太極拳六大門派的重要代表人物和傳人,編寫了這套簡化太極拳十三式叢書。

本著簡便、易行、有效的原則,這套叢書在保持了傳統套路的練習方法和練功要求的基礎上,對傳統套路順序的安排進行了精心選

編，選取了傳統套路中有代表性的動作，既合理科學，又簡便易學，並縮短了整個套路的練習時間，便於學練者掌握和練習。

由這套叢書的出版，我們衷心祝願廣大太極拳愛好者能夠堅持不懈、提高技藝、怡情益智，以飽滿的精神和充沛的體力投入學習和工作中，去享受生活的樂趣。

本書中的技術動作由孫劍雲女士演示。

目　　錄

孫式太極拳概要

一、孫式太極拳簡介

孫式太極拳是列入國家正式比賽套路的五種（孫、陳、楊、吳、武）傳統太極拳之一，也是半個世紀以來影響較為廣泛的太極拳流派之一。

孫式太極拳由孫祿堂先生所創。孫祿堂（1860.12～1933.12），諱福全，晚號涵齋，河北省完縣（今順平縣）東任家疃村（今屬望都縣）人。

孫祿堂自幼酷愛武術，曾拜李奎元為師，實從郭雲深（李之師）習形意拳，後從程廷華習八卦拳。孫祿堂年復一年，潛心研修，使拳合於道，而創孫式太極拳。

由於對武術有極高造詣，孫祿堂一生，自二十餘歲成名後，與人切磋、較技不曾有負，未遇可相匹者，故生前在武林中享有「虎頭少保，天下第一手」之譽。

　　孫祿堂不僅武功絕倫，而且武德高尚。他多次傾其家資賑濟鄉里，而周濟武林同道之事更不勝枚舉，時人贊其德為「遇同道罔不謙遜如無所能者，而忠義之心肝膽相照，尤非常人可比」「為人重然諾，有古風粹然之氣見於面背」。因之，他所創立的孫式太極拳，能將修心、修體、防身這三者高度融合為一，技術體系科學合理，並具有以下五大特徵：

　　（一）遵從老子「無為而無不為」的思想，以恬淡虛無的心態，蓄神以求中和，自然開發人體中和之氣———神氣合一之內勁，使練習者從中完善身心本能，開啟大慧。

　　（二）以《易經》為指導，由無極而生，太極而始，以三體式為基礎，內運五行，外演八卦，渾融一體，使拳式之承接變化合於易理，使練習者產生先後天八卦相合之效。

　　（三）以丹道修為作為進階基礎，並融會貫穿於每一拳式之中，以求透過拳式產生動靜

合一之效，使技通於道。

（四）以「順中用逆，逆中行順」為行拳之總綱，並精煉出行拳的「九要」法則，從而涵蓋了《易筋》《洗髓》兩經之精義，以求由拳式產生內外合一之效。

（五）該拳拳式至簡易學，而每一拳式之內意至深，主張不求呼吸，以致真息，式正氣從。以形意拳之三體式為整套拳架之基礎，要求重心上下無起伏，始終在一個水平面上運動，培育體內一觸即發之本能。以八卦拳之進步必跟、退步必撤作為該拳基本運動形式，要求重心始終在兩足上交替變換，利用重心的連續變化協調、混融周身的虛實、陰陽，求中和而達至靈、至空。故該拳既有形意拳之整實猛烈，又有八卦拳之靈活巧變，並將此融蓄在太極拳的柔順中和之中，使之相輔相成，相得益彰。使練習者逐漸產生極盡猛烈整實之能，極盡靈活巧變之能，極盡柔順空化之能。

孫式太極拳是形意、八卦、太極三拳混融昇華後之結晶，是近代拳學發展的至高成就。

二、孫式太極拳的特點

孫式太極拳最基本的特點是融合形意、八卦、太極三家拳術之真髓，一以貫之，純以神行。具體地說，就是透過「九要」以求陰陽互濟、內外中和，在身體運作的變化過程中，由「先後天八卦相合之理」，順中用逆，逆中行順，以求動中之靜之妙和起鑽落翻之勢。在身體運作的每一時刻，由形意之椿步以求內外六合（心與意合、意與氣合、氣與力合，肩與胯合、肘與膝合、手與足合），從而蘊寓至大至剛、一觸即發之本能。

因此，身體運作要鬆柔協調之至。所謂極盡柔順，非如此，不能得中和之妙。

身體移動之水平方向，要進退相隨，邁步必跟，退步必撤。無此一「跟」、一「撤」，則難以極盡動中求靜之靈。

身體移動之垂直方向，要上下無起伏，如水漂落葉，即不偏不倚、不上不下，邁步如槐蟲，跟步如扛物，非如此，不能將形意之椿步寓於動步之中，極盡一觸即發之本能。

此外，轉身必以開合相接，於體言之，由此可啟發各式中圓研開合之理，從中體驗內氣之上升下降，勁意之起落鼓蕩。一動無不動，一靜無不靜，周身無處不開合；於用言之，則由轉身之始，內氣下行，在外為合，合中寓開，蓄勢待機，不予敵可乘之機，並又於圓研之中，開中寓合，蘊太極之陰陽互濟，變化無方之妙，故轉身以開合相接，其意深焉。

　孫式太極行拳之內意要不尚血氣，純任自然，重在養神、練氣專注於一，以求神氣合一，內勁中生。

　先父孫祿堂云：「拳術一道，首重中和，中和之外，無元妙也。」故以上所述各項特點及要求，其核心不過是「中和」二字而已，此即孫式太極拳之基本特點。

　需要說明的是，內勁者生於中和，而中和源於身體內外系統之和合。於內，則生於五臟之相和，行於經絡之暢通；於外，則生於身體運作之中而不倚，動而若靜，協調一家，行於起鑽落翻之循環鼓蕩。

　然而內外和合，則須得其契，不得其契則內外不能相合，內外不合，則內勁難成。其契

為何？內外八卦（即先後天八卦）相合之理耳。故內外相合方可稱拳，練拳即修為內勁，孫式太極拳乃是依易學，參丹經，基於先後天八卦相合之理所創之拳，故能使人內外和合於一，培養一派中和之氣———至純至善之內勁，此即孫式太極拳特點之基礎公分於「先後天八卦內外相合之理」，先父在《八卦拳》一書中已有詳述，在此不再贅述。

三、孫式太極拳的身法概要

太極拳是我國特有的武術項目之一，是一種「內外兼修」的運動（內主靜心養性，外主鍛鍊體魄）。它以柔曲為體，以剛直為用；非柔曲不能化，非剛直不能用。體用則為以柔克剛，牽動四兩撥千斤的技擊方法。練此拳時應氣沉丹田，不偏不倚，內外相合，千萬不可用拙力，應以意行力，意到力到。

關於太極拳的練法，先父常說，郝為真先生談練太極拳有三層意境：第一層初練時，如身在水中，兩足踏地，動作如有水之阻力；第二層則如身在水中，兩足浮起，如泅者浮游水中，能自如運動；第三層則身體輕靈，兩足如在水面上行走，臨淵履薄冰，神氣內斂，不敢有絲毫散亂，則此拳成矣。

太極拳的姿勢，都有一定要領，並各有其意義。茲摘要介紹如下。

頭：

頭要上頂，但不可用力。下頦自然收斂，頭項正直，精神貫注。全身鬆開，頂、

蹬、伸、縮皆用意，而不用拙力，心自虛靈，即所謂虛靈頂勁。

口：

口要虛合，舌頂上腭，用鼻呼吸。

胸：

胸要含蓄，不可挺出。胸含則氣沉丹田，此時，氣貼於背，力由脊發是為真力。胸挺則氣湧胸際，上重下輕，腳跟漂浮，為拳家所忌。以上即所謂含胸拔背。

肩：

兩肩務要鬆開，下垂，向內扣抽。切忌聳肩，向外開展，否則氣湧於上。

肘：

兩肘要向下鬆垂，兩臂自然彎曲。即所謂曲中求直，蓄而後發之意。

手：

五指張開，塌腕，虎口略圓，手心略內含，食指略向上豎直，指尖上頂，如抓抱一圓球之狀。

腰：

腰必須塌住。因腰為全身動作之樞，力量之源。人之旋轉、進退、虛實變化皆靠腰勁貫

穿。

腿：

兩腿彎曲，務必分清虛實，即身體重心要放在一腿上。如身體重心移於右腿，則右腿為實，左腿為虛；反之，左腿為實，右腿為虛。分清虛實為太極拳之要義，運動時則轉動輕靈；否則邁步重滯，易為人所牽動。

呼吸：

所謂氣沉丹田（臍下 10 公分處），就是指深長之腹式呼吸。但切勿用力往下壓氣，一定要使呼吸純任自然。

意與力：

太極拳的特點之一是用意不用力。因太極拳要求用活力，全身要鬆開，不使分毫拙力滯留於筋骨血脈之間。要求極柔軟而極堅剛，極沉重而極靈活，意到力到，運用自如。倘用拙力則遲滯不靈，力浮於外就不符合太極拳的要求了。

所謂用意不用力，何以活力自主？蓋因意之所至氣即至，如是氣血流注，日日灌輸，周流全身經絡，無時停滯。久練則真正內勁即可產生。

動與靜：

氣功的靜坐是靜中求動，拳術是動中求靜。練拳時心要靜，氣要沉，精神集中，動作才能圓活而沉穩。

以上分別論述了各姿勢要領，但學者務必注意太極拳是一項全身性運動。所練在神，精神為主帥，身體為驅使；精神能提得起，舉動自能輕靈，心意與形體動作協調一致，方能內外相合為一。練時必須注意上下相隨，身體各部完整一致，如有一處動作不整，就會神氣散亂。再者，練拳時要以意行力，相連不斷，「如長江大河，滔滔不絕」，「運勁如抽絲」即此意也。

為便於讀者記憶，現把這些要點編成口訣如下：

太極拳本內家拳，

不用拙力意當先。

虛靈頂勁神貫注，

下頦收回即自然。

含胸自然能拔背，

切莫形成「羅鍋肩」。

練時沉肩又墜肘，

肩聳肘懸不是拳。
塌腰能使全身力，
腰不塌住靈活難。
兩腿彎曲分虛實，
太極要義在裡邊。
呼吸下沉丹田穴，
純任自然莫強牽。
上下相隨成一體，
動作綿綿永相連。
動中求靜靜中動，
練時神氣務周全。
切記要點莫遺忘，
持久習練益自顯。

四、孫式太極拳的修為機理

　　孫式太極拳是一種修為和完善人之身心的拳學體系。孫式太極拳遵從老子的哲學思想，從無為而始以達到無不為。具體地說，就是由恬淡虛無這種心理暗示以求得初步的心理穩態（即一種寡欲、無欲的心態），並以此為基礎，由孫式太極拳的鍛鍊提升生理機能穩態水平。最後，由於心理穩態與生理穩態之間的相互啟發，循環共進，達到人之心理、生理適應機能的雙重完善，即所謂完善人之身心、變換人之氣質的最終目標。

　　所謂技擊，不過是人與人之間的一種相互作用，當人之身心的適應能力漸臻完善時，自然能適應這種相互作用，故能產生「不求勝於人，而神行機圓人亦莫能勝之」這種能力。

　　因此，孫式太極拳是透過提高人體身心系統的穩態水平來漸臻完善人體身心系統的適應能力。

　　當人之身心真正能達到恬淡虛無———無欲這種自然狀態時，人體系統的穩態則與宇宙

場之基本穩態同一，從而使人之身心的適應能
力達到完善。

　　先父所講的「與天地並立，與太虛同
體」，就是此等境界，此時則拳與道合，無
為無不為，這就是孫式太極拳修為的機理。

五、孫式太極拳修為的
基本方法

（一）孫式太極拳進階步驟

孫式太極拳是以修心養神為基礎，並將此貫穿於站樁、盤架、推手、大捋、散手等過程中，來完成練形生精、練精化氣、練氣化神、練神還虛、練虛合道諸進階層次。

1. 修心之要

孫式太極拳修心之要僅八字而已：「恬淡虛無，漸修靜悟」。這八個字是修為孫式太極拳最為重要的基礎，需認真領會，身體力行，否則，即使在拳技上已有功夫，也如沙丘之閣。常見高功夫者而早衰，其因就是於修心一道，未能按此八字身體力行。那麼，什麼是「恬淡虛無，漸修靜悟」呢？

首先，這八個字是一個不可分割的整體。前四個字是心態和條件，後四個字是行動和目的。我們追求恬淡虛無這種心境，正是為了能夠做到漸修的持之以恆，並在這漸修中能夠淡

化諸欲達到靜悟。

悟者何？拳與道合耳。先父對入門弟子總是說：「若想打天下第一，請另尋高明，若要修心健體防身，吾之所授，綽綽有餘。」

先父此訓之目的就是引導學生建立正確的修為心態。非如此，不能學好太極拳，非如此不能真識太極拳。

其次，無論是站樁、盤架子，還是推手、大捋、散手，都要將「恬淡虛無、漸修靜悟」這八字法則的精神貫穿進去，這在下面的論述中將會逐一談到。

總之，其精神實質就是老子「無為而無不為」這一遵從自然之道的思想。

2. 站樁之要

修為孫式太極拳，最基本的樁功為兩種功法，一曰「無極式」，一曰「三體式」。下面分述之。

「無極式」之練法：起點面向正方（早晨要面向東方），身子直立，兩手下垂，兩肩不可向下用力，下垂要自然，兩足為 90°之形式。兩足尖不用力抓扣，兩足後跟亦不用力蹬扭，兩腿似直而曲，身子如同立在沙漠之地。

手足亦無往來動作之節制，身心未知開合頂勁之靈活，但順其自然之性，流行不已。心中空空洞洞，內無所思，外無所視，伸縮往來，進退動作，皆無朕兆。身體內外之情景，如同雨天屋檐下之流水，似直而曲，如沐如浴。

以上為「無極式」之練法。

此式的鍛鍊，在於恢復練習者天然之性，啟發練習者先天一氣之源。技擊不過是極盡個性伸張與發揮之形式，故「無極式」為百形之母，萬法之基。

「三體式」之練法：兩手相抱，頭往上頂，開步先進左腿。兩手徐徐分開，左手往前推，右手往後拉，兩手如同撕綿之意，左手直出，高不過口，伸到極處為度，拇指要與心口平，食指豎直，胳膊似直非直，似曲非曲，惟手腕至肘，總要四平為度；右手拉到小腹肚臍下，拇指根裡陷坑，緊靠小腹。

左足與左手要齊起齊落，後足仍不動。左右手五指俱張開，不可併攏，左手拇指要橫平，食指往前伸，左右手拇指、食指、虎口皆半圓形。兩眼看左手食指梢，兩肩根開均齊抽勁，兩胯裡根亦均齊抽勁，是肩與胯合也。

兩肘往下垂勁，不可顯露，前肘向裡裹向下垂，後肘裡曲，不可有死彎，要圓滿如半月形。兩膝往裡扣勁，不可顯露，是肘與膝合也。兩足後跟均向外扭勁，不可顯露，並與兩手互拉相應，是手與足合也。此之謂外三合。

　　肩要摧肘，肘要摧手，腰要摧胯，胯要摧膝，膝要摧足。身子仍直立，不可左右歪斜。心氣穩定，則心與意合。意要專凝，則意與氣合。氣要隨身體之形式自然流行，不可有心御氣，則氣與力合。如此，則陰陽相合，上下相連，內外如一，此之謂六合也。

　　雖云六合，實則內外相合，亦即陰陽相合，三體之內勁因此而生。

　　以上為「三體式」之練法。此式之效在於使人內外相合，培育內勁，所謂「三體重生萬物張」，實為拳術之總機關也。惟需注意的是，初練「三體式」時，後腿極為吃力，此時尤需堅持，越感吃力，心氣越要平靜，身體上下其他各處越要放鬆，後腿越要蹬住勁，不可將重心前移，使前腿分擔。吃力時維持心靜、形鬆、面目安詳，是練通此樁之關鍵，也是練習者最難以做到的。

3. 盤架之要

學習孫式太極拳，在技術上首先要了解掌握孫式太極拳走架的意義、要求和特點。

孫式太極拳盤架的意義，是透過孫式太極拳架這一運動形式，使練習者從中體味周身內外的虛實轉換、開合鼓蕩、動中求靜、變中求整、陰陽互濟的基本規律，並最終將這些規律中和為練習者自身的機體本能，達到內外合一、神氣合一、內勁中生。

孫式太極拳為了使練習者在盤架上獲得如上意義，故對盤架有如下要求：

（1）要求內意如行雲流水，綿綿不斷，形斷意不斷，勢停意不停，純以神行，循環無間。

（2）要求運動形態要鬆、整、匀、輕、靜。全身要鬆，即關節、筋肉要鬆柔協調，不得較勁、扳勁。身形構架要整，即始終不離內外六合之要。速度要匀，其動若靜，身體重心變化不露於形。起落要輕，起似沉，落似提，起鑽落翻內中行。勁意要靜，似靜水流深、滲之遙遙。不可沖、炸、震、搗。

（3）要求身體狀態以「九要」為規範。

「九要」者即塌、提、扣、頂、裹、鬆、垂、縮、起鑽落翻分明。

塌即塌腰、塌腕；提，即提肛（此意微微）；扣，即扣肩、扣膝；頂，即頂頭豎項、舌頂上腭；裹，即裹膝、裹胯、裹肘；鬆，即鬆肩、鬆胯；垂，即垂肩、垂肘；縮，即縮肩根、胯根；起鑽縮肩根、胯根；起鑽落翻分明，即頭頂而鑽，頭縮而翻，手起而鑽，手落而翻，腳起而鑽，腳落而翻，三者要協調一致。起時外形為鑽而內氣下潛，落時外形為翻而內氣自脊而上直貫兩掌手指。故所要分明者是內氣與外形的虛實互換、陰陽互濟。

需注意，上述「九要」是一個相互有機協調、規範身體形態的整體原則，不可將「九要」諸原則相互割裂對立起來。

此外，對初學者而言，最為重要的是頭。頭為諸陽之會，精髓之海，督、任兩脈交會之點，統領一身之氣。此處不合則一身之氣俱失，故須不偏不倚，不俯不仰，頂頭豎項。

其次為足，足能載一身之重，靜如磐石、山岳，動如舟楫、車輪，兩足始終要虛實分明，身體重心之移動只在兩腳足心之間。再

則，腰為軸心，居一身之中，帶動肢體活動的是腰，腰如車輪之軸，所以要刻刻留意在腰際，以腰引動。

由此可見，初習者在掌握「九要」時，應首先從頭、足、腰三處入手。

（4）掌型要求五指自然張開，掌心內凹，手掌如抱球狀。

以上所述為孫式太極拳在盤架中四個方面的原則要求，並以此構成孫式太極拳盤架的特點，故需結合本書圖解說明反覆揣摩之。

4. 技擊之要

技擊本無法，若使有法御以無法，則惟在氣質、本能上下工夫。就練習孫式太極拳推手者而言，若未練出內勁或無不意而發之經驗，則最好於技擊一道駐步，否則將對練習者之身心健康無益。即便練習者已練出內勁，技擊也僅是檢驗自身修為的一種必要手段，然不可持藝凌人、好勇鬥狠，否則難以進階。

欲修孫式太極拳之技擊，需反覆練習套路、推手和熟習八法，即掤捋擠按採挒肘靠，並能混而用之，既能一式出八法，又能數式皆一法。有此基礎後，尚需知三機、體三能、混

融八法為一，多經實戰練習，由實戰中檢驗不順之處，再從盤架、推手中求之。如此循環往復，不計較一時之勝負，全在乎用心求理，則可漸精技擊之術矣。

何為三機？變勢之機，變動之機，發勁之機。

當對搏時，在雙方尚未接觸的情況下，我能預知彼之運作變化，並使自身先於對方求得有利態勢，所謂「變勢之機先於彼」，故雙方未接觸時為變勢之機。

當雙方接觸的瞬間，我若能先於對手發勁於彼之重心上，所謂「發勁之機先於彼」，故雙方接觸之瞬為發勁之機。

當雙方兩勁接定後，此時我若能變勁先彼，使彼勁走空，則謂「變勁之機先於彼」，故雙方接觸中為變動之機。此上為三機之要。

三能，是指對彼之作用的感應之能，對己之神、氣、形的瞬間協同之能，對彼之作用的洽合之能。此三能均以神氣相合為基礎，神氣不合，三能則一能不能。

所謂混融八法為一，是指出手即是太極，當用何種勁將因彼而變，是一個勁，還是幾種

勁混合而出，也將因勢利導。

　　總之，技擊之要不外乎「意在彼先」及不拘泥於成法，總以隨機應變，感而遂通為至妙。

5. 孫式太極拳進階之要

　　孫式太極拳之最高境界乃是拳與道合。故統而言之，其進階之要惟抱元守一以求中和，虛中以養神耳；分而言之，亦不過神凝、氣暢、筋舒、骨合、形鬆、動中求靜六者。

　　神凝以致氣，氣暢以致勁，勁則行於筋骨寓於形，筋舒則勁長，骨合則勁整，形鬆則勁靈，動靜合一則妙道自生。知此並以盤架推手為本，以技擊散手為末，相互印證，循環往復統於一體，則技可進乎於道。

六、孫式太極拳修為中
常見錯誤

（一）錯誤理解孫式太極拳融合形意、八卦、太極為一的概念

將孫式太極拳走成一手形意、一手八卦、一手太極，時剛、時柔、時快、時慢的樣子，這是非常錯誤的練法。

孫式太極拳是融合了八卦拳動靜合一的本質和形意拳一觸即發之本能，但無形意、八卦之外形，更不能以形意、八卦的練法和勁意來練孫式太極拳。

孫式太極拳走出的勁意是陰陽互濟的太極勁，其外形要極盡鬆柔連順之至。孫式太極拳各式的承接變化中蘊寓著形意、八卦的內涵而不是其外表，此點尤需練習者注意。

（二）錯誤理解孫式太極拳套路的含義

孫式太極拳套路的含義有兩個方面，其一

是開發內勁，其二是蘊寓各種技擊狀況的母式。也就是說，孫式太極拳中每一手都不是技擊的固定招勢，而是能夠演化為技擊中千法萬法之總機關。

　　常見一些練習孫式太極拳者將拳式中的一些動作當做技擊招勢來練習，這是非常有害的錯誤練法。太極拳追求的是練習者自身的協調穩態，故能產生以有法而御無法的技擊之效，此點練習者當用心體悟之。

（三）對氣的錯誤認識

　　常見練習太極拳者相互問有無氣感，有，則洋洋自得，以為已進乎太極拳之三昧；沒有，則內心焦急，或於行拳中腹內鼓氣，或口中噓氣，皆大謬也。

　　真炁，非我們日常所呼吸之氣，乃是拳架盤走正確後，練習者身體內外相合，由此在體內產生的一股能量流，給人的感覺與氣相仿，故以「炁」字表達之。心越靜，則此氣越為充盈。若有心御氣，則氣反奔騰，即紊亂也。故氣感也罷，麻感也罷，脹感也罷，相吸之感也罷，皆屬皮毛之相也，不可過分追求，應聽之

任之，以靜心求中和為要。否則將本末倒置，甚至走火入魔。

（四）用「神」不當

練太極拳貴在神聚，精神高度集中，不使之散亂。故神要內守，或食指梢、或身體其他某一處，總之要與拳勢之運作相合。

常見初習太極拳者用「神」不當，或精神散亂，左顧右盼，或精神張揚宣泄於外，此皆謬也。精神散亂，必神氣不能相合，內勁無望矣。精神外張，久則自糜，更無從得以內勁。故需精神內守，含而不露，養神於一。

（五）不明內勁

何謂內勁？神氣合一而已。隨著練精化氣、練氣化神、練神還虛、練虛合道，神氣耦合愈為協同、有序，內勁漸純，故內勁是練習者身心有序協調達到中和時機體產生的一種潛能。常見習拳者或從腹中求之，或從腰中求之，或從胸中求之，或哼或哈皆不得其所。

內勁無聲無臭，無形無跡，無一定之處所，惟有求中和以致神氣合一，方可得之。鼓

動小腹、抖動腰身、掄肩縱胯皆可謂之發力，
然皆非內力也。

（六）或散或僵

散、僵二者，為初習太極拳者之通病。散
則周身不整，病根全在頂項未能豎起，腰胯未
得下塌，肩胯之根未能抽住之故（肩根即肩
窩，胯根即大腿根，抽即將肩窩和大腿根回
縮，向內含扣）。頭頂與尾椎骨之根未能互逆
相撐，身軀自然不整；肩胯之根未能抽住，四
肢與身軀必不能相合，故此為散之病源也。

僵則轉換不靈，病根全在足胯上。兩足未
分清虛實，必然移動不靈；兩胯未能鬆開，必
然上下難隨、虛實難換，故此為僵之病源也。

所以，豎項塌腰抽住肩胯之根與足分虛實
兩胯鬆開為去此二病之良方。

（七）不合於步

孫式太極拳為活步太極拳，要求進退相
隨，邁步必跟，退步必撤，故難度較大，不易
掌握，尤其是跟步的時機要掌握得準確，確非
易事。常見初習孫式太極拳者不是跟步跟得較

遲，使跟步演成拉步，就是跟步跟得較急，於是身體有前仰後俯之勢。

要克服此種毛病，關鍵是要在跟步中以求中和。即當邁步後身體重心前移，將及而未及前腳跟時，跟步，同時由腰胯牽帶身體有向後移動之勢，前腳回搓（回蹬），後足一旦落地，重心即落於後足上。

此時身體由腰胯處分為二節，前後互逆，故能動中有靜，重心不失於中，所謂順中用逆。退步時亦如此，全在足胯相合，虛實分清，故順中用逆以求中和，為走架中身體與足相合之訣竅。

孫式太極拳十三式
動作圖解

一、說　明

1. 圖文對照，對拳架動作作了分解說明，打拳時力求連貫、銜接。注意放鬆、中正。

2. 在文字說明中，不特殊註明，不論先寫與後寫身體的某一部分，各運動部位都要同時協調活動，不要先後割裂，為太極拳之一動無不動，一靜無不靜。

3. 方向轉變以人體為準，標明前、後、左、右。

4. 圖上的線條是，表示從這一動作到下一動作經過的路線和部位。左手左腳為虛線（⋯⋯➤），右手右腳為實線（——➤），個別動作的線條受角度、方向等限制，可能不夠

詳盡，應以文字說明為準。

　　5.某些背向、側向動作，增加了附圖，以
便對照。

二、動作名稱

第 一 式　懶扎衣
第 二 式　開合手
第 三 式　單鞭
第 四 式　雲手
第 五 式　右通背掌
第 六 式　玉女穿梭
第 七 式　上步七星
第 八 式　右起腳
第 九 式　轉身左蹬腳
第 十 式　踐步打捶
第十一式　翻身雙擺蓮
第十二式　雙撞捶
第十三式　陰陽混一

圖1

三、動作圖解

第一式　懶扎衣

動作一：

　　身體直立，兩手下垂，兩肩放鬆，兩足尖分開 90°。心靜，身為無極靜態。眼看正前方（圖1）。

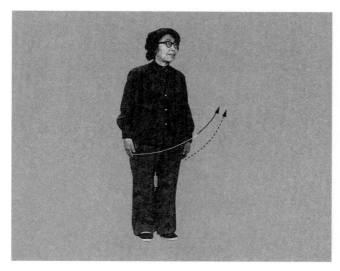

圖 2

動作二：

右足尖翹起，以腳跟為軸，身體稍向左轉，兩足成 45°，面向左斜前方。生陰陽進入太極狀態。眼看左前方（圖 2）。

圖 3

動作三：

兩臂向前上方慢慢舉起，高與肩平，兩手
心相對內含，相距約 18 公分，指尖向前，如
抱球狀。兩腿不動。眼看兩手中間（圖 3）。

圖 4

動作四：

兩手下落至腹前。同時，兩腿慢慢彎曲下
蹲（下蹲時的身體高低即為全套拳架姿勢的高
度），身體重心偏於右腿，左足跟慢慢提起
（圖4）。

圖 5

動作五：

　　左足向前邁步，足跟先著地，重心偏於右
腿。同時，兩手向上、向前慢慢伸出，兩手仍
如抱球狀，胳膊微屈（圖5）。

圖 6

動作六：

　　右足隨兩手伸出，向前跟步至左後，右足內踝對準左足後跟，相距約 10 公分，腳尖著地。眼看兩手中間（圖 6）。

圖 7

動作七：

　　右足跟落地，重心偏向右腿；左足以腳跟
為軸，左足尖翹起向右轉動 90°踏實。同時，
身體右轉。隨之兩手臂平行右擺。眼看兩手中
間（圖7）。

圖 8

動作八：

重心移向左腿，右腿外擺約 90°。同時，身體繼續右轉。兩手隨轉體擺至右前方時，右手外旋，手心向上；左手內旋，手心向下，置於右手腕上。眼看右手（圖 8）。

圖 9

動作九：

　　右手向右、向後畫一弧，前臂內旋屈肘，
當右手轉至右肩前，前臂直立，手心斜向上再
轉向前；左手隨右手轉動。同時，右足向前邁
出，足跟領先著地（圖9）。

圖 10

動作十：

右足尖逐漸落實，重心移向右腿並屈膝；左足隨即跟在右足後，相距約 10 公分，足尖著地。同時，左手扶著右腕一起向前推出，兩臂微屈。眼看右手（圖 10）。

【要點】：

1.全身放鬆塌腰，但不可僵挺，舌頂口腭，呼吸自然。

2.動作要一氣貫穿，不可間斷。

圖 11

第二式　開合手

動作一：

接前式，左足跟著地；右足以腳跟為軸，足尖翹起，向左扣轉約 90°。身體隨著左轉，重心偏於左腿後放兩腿中間。同時，兩手心相對，指尖向上，向左右分開（如抱氣球，球中之氣向外膨脹），兩虎口與兩肩相對（圖11）。

圖 12

動作二：

　　兩手心相對慢慢裡合，合至兩手相距與臉同寬。同時，兩腿屈膝，右足尖著地踏實，重心移向右腿；左足跟抬起，足尖著地。眼看兩手中間（圖 12）。

【要點】：

　　全身要放鬆，不可有絲毫勉強之力。

圖 13

第三式　單　鞭

　　接前式，左足向左橫邁一步，左腿微屈，
腳尖著地，重心慢慢移向左腿。同時，兩手內
旋，如攦長杆一樣，分別向左右慢慢分開，兩
臂微屈成平舉狀態，兩手心向外，立掌，高與
眼平。眼看右手（圖 13）。

　　【要點】：
　　上體要直，兩臂要鬆，肘要下垂，呼吸要

圖 14

自然，不可用拙力向丹田壓氣。

第四式　雲　手

動作一：

接前式，身體重心移向右腿；左足隨之移
於右足內側，腳尖著地。同時，上體微右轉。
右手仍撐著不動；左手向下、向右畫弧至右腋
下，手心斜向下。眼看右手（圖 14）。

圖 15

動作二：

　　左足向左橫邁一步，腳尖著地，重心慢慢
左移偏於左腿；右足隨即移於左足內側，腳尖
著地。同時，上體微左轉。左手向上、向左畫
弧至身體左前方，手心向左，手腕高與肩平，
指尖向上；右手向下、向左經腹前向上畫弧至
左腋下，手心斜向下。眼看左手（圖 15）。

　　【要點】：

　　在左右手向上畫弧的時候，掌心均向外，
高不過眉；身隨手轉。

圖 16

第五式　右通背掌

　　接前式，右足跟落地踏實，重心微右移，身體右轉。隨轉體左腳裡扣，重心移向左腿；右腳向右稍開步外擺，腳尖向前。同時，右手向右前推出，手心向前，手腕高與肩平，臂微屈；左手向右畫弧架於左額上方，手心向外。眼看右手（圖16）。

　　【要點】：

　　腰要塌住，兩肘下垂，動作要協調連貫。

圖 17

第六式　玉女穿梭

動作一：

接前式，左手外旋裡裹，向下至左胸前，手心向上，臂微屈；右手向下移至左肘內側，拇指一側對胸，手心斜向下。同時，右足微回撤外擺，兩腿微屈。眼看左手（圖 17）。

圖18

動作二：

接前式，左足向左前方邁一步；右足隨即跟步至左足後相距 10 公分，重心偏於右足。同時，身體左轉。左手內旋向上架於左額上方；右手在胸前，輕輕向前推出（右肘貼肋），臂微彎曲，手心向前，指尖向上。眼看前方（圖18）。

圖 19

動作三：

左足內扣；右足跟提起。身體右後轉約
90°。同時，右手外旋微向前伸，舉於右胸

附圖 19

前，手心向上，臂微屈；左手向下落於右肘內
側，拇指側對胸，手心向下（兩肘貼肋）（圖
19、附圖 19）。

圖 20

動作四：

　　右足向右前方邁一步；左足隨即跟步至右
足後相距 10 公分。同時，右手內旋向上架於
右額上方；左手在胸前，輕輕向前推出（左肘
貼肋），臂微彎曲，手心向前，指尖向上。眼
看左手（圖 20）。

　　【要點】：
　　轉身換步，虛實變換要靈活。

圖 21

第七式　上步七星

　　接前式，右手向右、向下、向前畫弧經左手腕下伸出，兩腕交叉，並收至胸前約 10 公分，右手在外，左手在內，指尖均向上。同時，左足向前邁一步，重心移向左腿；右足隨即跟至左足後約 10 公分，足尖著地。眼看兩手（圖 21）。

　　【要點】：

　　上體要直，腰下塌，兩腿要微屈。

圖 22

第八式　右起腳

接上式，左腿微屈站穩；右膝提起，右腳
向右前、向上慢慢踢出，足面自然平展，腿自
然伸直高過腰部。同時，兩手如「單鞭式」分
開，右手伸向右足方向。眼看右手（圖22）。

【要點】：

兩手左右分開和右腿慢慢踢出要協調一
致，腿高過腰，動作穩定。

圖 23

第九式　轉身左蹬腳

動作一：

　　右腿屈膝微收，右足向右前下落，足尖微內扣，重心移向右腿。上體微左轉。同時，兩臂慢慢向下沉肘，兩手微裡合。眼看右手（圖23）。

圖 24

動作二：

接上式，左足移至右足內側，腳尖落地踏實；右足與身體微向左轉，重心移向右腿。同時，兩臂繼續下沉，隨身體左轉兩手裡合，合

附圖 24

至兩手相距與臉同寬，兩手心相對，在胸前約
10 公分。眼看兩手中間（圖 24、附圖 24）。

圖 25

動作三：

　　右腿微屈站穩；左膝提起，左腳向左前、
向上慢慢蹬出，足尖向上，腿自然伸直高過腰
部。同時，兩手如「單鞭式」分開，左手伸向
左足方向。眼看左手（圖 25）。

【要點】：

　　身體要正中穩定，蹬腳時，以腳跟為力
點，左臂和左腿須上下相對，分掌和蹬腳動作
要協調一致。

圖 26

第十式　踐步打捶

動作一：

接前式，左足向前落地，足尖外擺，重心移向左腿，身體微左轉。同時，兩臂向下沉肘，左手內旋向下、向左收到胸前，手心向下；右手外旋向下、向左、向前伸出，手心向上。眼看右手（圖 26）。

圖 27

動作二：

右足向左前方邁一步，足尖外擺，重心移向右腿。身體微右轉。同時，右手內旋摟回胸前，手心向下；左手外旋經右手下方前伸，手心向上。眼看左手（圖27）。

圖28

動作三：

左足向前邁一步，足跟著地，重心在右腿。上體微右轉。同時，右手外旋變拳向下經腹前向右、向上舉至肩平，拳心向上；左手內旋向右經面前向下、向左畫弧摟至左胯旁，手心向下。眼看右手（圖28）。

圖 29

動作四：

左腳尖落地踏實，重心移向左腿並屈膝，成弓步；右腿微屈。同時，身體左轉向前傾身。右拳經右額向下、向左內踝下擊，拳眼向左，拳面向下；左手變拳在左胯側，拳眼向裡。眼看右手（圖 29）。

【要點】：

動作要連貫協調，眼隨手動。

圖30

第十一式　翻身雙擺蓮

動作一：

上體直起，向右後轉體180°。隨轉體右拳向上經額前向右前畫弧舉至肩平，拳心朝上，臂微屈。同時，左足尖裡扣，重心在左腿並屈膝；右足尖外擺，右腿微屈。眼看右拳（圖30）。

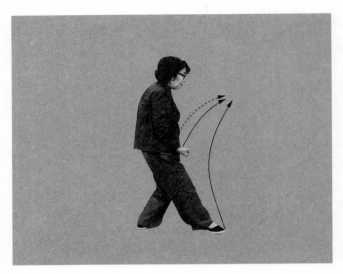

圖 31

動作二：

身體微右轉。隨轉體右足跟提起移回，足
尖著地，重心在左腿。同時，右拳向下、向後
撤至右胯前。眼看前方（圖 31）。

圖 32

動作三：

兩拳變掌向左、向上、向右畫弧，掌心均朝下。同時，右足上提並向上、向右擺起，兩手在胸高處依次向左拍擊右腳面（左手先擊，右手後擊，老年人拍不到足面也可拍腿）。眼看右腿（圖32）。

【要點】：

右後轉體時，用腰帶平，鬆腰鬆胯擺腿不可停頓。

圖 33

第十二式　雙撞捶

動作一：

接前式，右足向前落下，足尖微扣，重心前移至右腿，右腿微屈；左足隨即跟至右足內側，足尖著地。同時，兩掌變拳向下回拉至腹前，兩拳心向下。眼看前方（圖 33）。

圖 34

動作二：

左足向前（左斜方）邁步；右足跟步至左
足後，足尖向外斜落地，約 10 公分。同時，
兩拳向前撞出，兩臂微屈，拳心向下。眼看兩
拳（圖 34）。

【要點】：

兩腿彎曲，腰要下塌，邁步、撞捶要協
調。

圖 35

第十三式　陰陽混一

動作一：

接前式，身體向右轉。兩拳隨轉體外旋裡
裹，拳心向上（右拳在左腕處，兩肘貼肋）。
同時，左足尖裡扣，足跟徐徐抬起，重心移至
右腿。眼看左拳（圖 35）。

圖 36

動作二：

右足後撤，足尖外撇至 45°，重心移至右
腿；左足微向前，足跟落地。同時，兩拳隨轉
體向右平移至正前方（圖 36）。

圖 37

動作三：

右拳不動；左拳貼右腕內側轉至右拳下，
手心向下，兩手臂相貼。重心仍在右腿，兩腿
屈膝，左足尖上翹（圖37）。

圖 38

動作四：

右拳內旋微向裡，兩肘下垂，兩拳交叉。
同時，左腳尖上翹微抬起，即落原處，身體重
心仍在右腿，兩腿微彎曲。眼看兩拳（圖
38）。

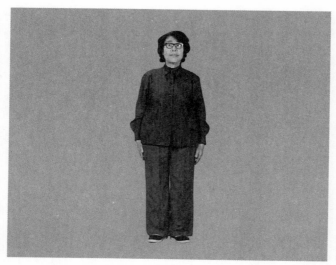

圖 39

動作五：

兩拳變掌，向左右分開，向下落至胯側。
同時，左足收回至右足內側。身體直立。眼看
正前方（圖 39）。

【要點】：

全身放鬆，舌頂上腭，氣沉丹田，一旦自
然，還原於無極。

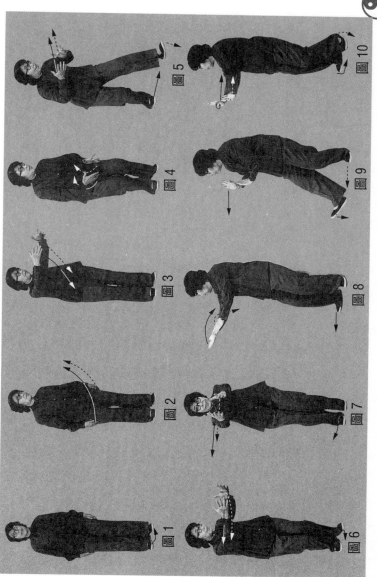

四、連續動作演示圖

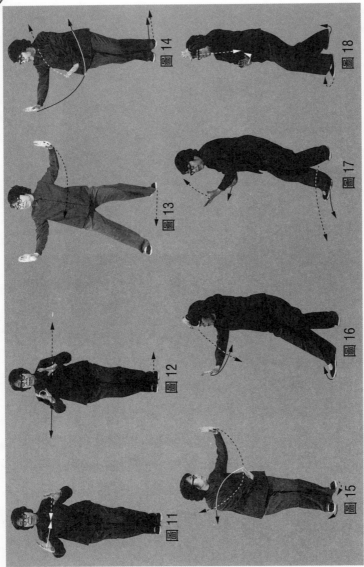

圖14　圖18　圖13　圖17　圖12　圖16　圖11　圖15

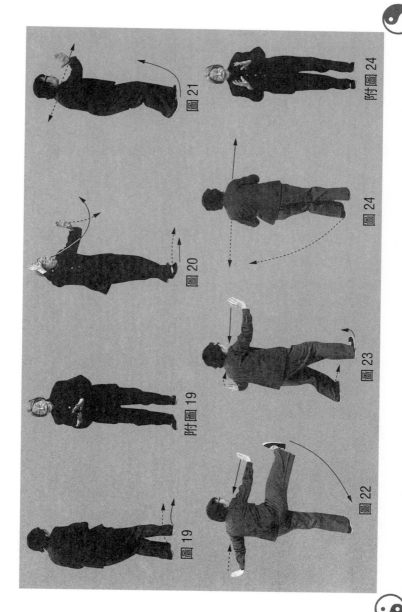

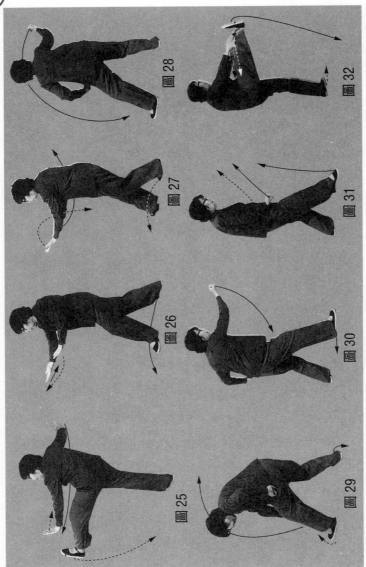

圖28　圖27　圖26　圖25

圖32　圖31　圖30　圖29

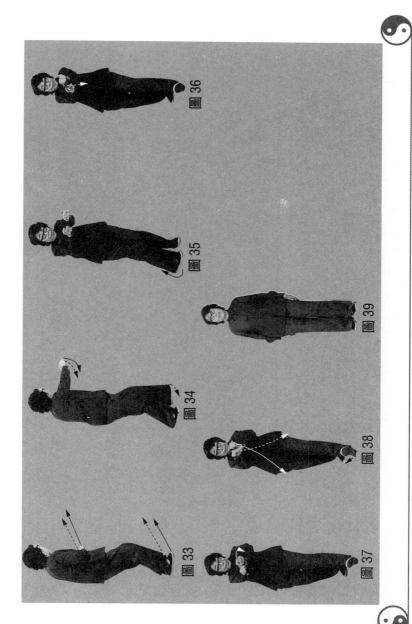

五、動作路線示意圖

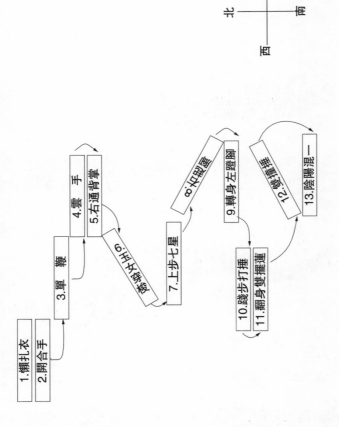

1.攔扎衣
2.開合手
3.單　鞭
4.雲　手
5.右通背掌
6.玉女穿梭
7.上步七星
8.中剔窩
9.轉身左蹬腳
10.踐步打捶
11.翻身雙擺連
12.雙撞捶
13.陰陽混一

北
西
南
東

大展出版社有限公司
品冠文化出版社

圖書目錄

地址：台北市北投區(石牌)
　　　致遠一路二段 12 巷 1 號
郵撥：01669551＜大展＞
　　　19346241＜品冠＞

電話：　(02)28236031
　　　　28236033
　　　　28233123
傳真：　(02)28272069

・少 年 偵 探・ 品冠編號 66

1.	怪盜二十面相	（精）	江戶川亂步著	特價 189 元
2.	少年偵探團	（精）	江戶川亂步著	特價 189 元
3.	妖怪博士	（精）	江戶川亂步著	特價 189 元
4.	大金塊	（精）	江戶川亂步著	特價 230 元
5.	青銅魔人	（精）	江戶川亂步著	特價 230 元
6.	地底魔術王	（精）	江戶川亂步著	特價 230 元
7.	透明怪人	（精）	江戶川亂步著	特價 230 元
8.	怪人四十面相	（精）	江戶川亂步著	特價 230 元
9.	宇宙怪人	（精）	江戶川亂步著	特價 230 元
10.	恐怖的鐵塔王國	（精）	江戶川亂步著	特價 230 元
11.	灰色巨人	（精）	江戶川亂步著	特價 230 元
12.	海底魔術師	（精）	江戶川亂步著	特價 230 元
13.	黃金豹	（精）	江戶川亂步著	特價 230 元
14.	魔法博士	（精）	江戶川亂步著	特價 230 元
15.	馬戲怪人	（精）	江戶川亂步著	特價 230 元
16.	魔人銅鑼	（精）	江戶川亂步著	特價 230 元
17.	魔法人偶	（精）	江戶川亂步著	特價 230 元
18.	奇面城的秘密	（精）	江戶川亂步著	特價 230 元
19.	夜光人	（精）	江戶川亂步著	特價 230 元
20.	塔上的魔術師	（精）	江戶川亂步著	特價 230 元
21.	鐵人Q	（精）	江戶川亂步著	特價 230 元
22.	假面恐怖王	（精）	江戶川亂步著	特價 230 元
23.	電人M	（精）	江戶川亂步著	特價 230 元
24.	二十面相的詛咒	（精）	江戶川亂步著	特價 230 元
25.	飛天二十面相	（精）	江戶川亂步著	特價 230 元
26.	黃金怪獸	（精）	江戶川亂步著	特價 230 元

・生 活 廣 場・ 品冠編號 61

1.	366 天誕生星	李芳黛譯	280 元
2.	366 天誕生花與誕生石	李芳黛譯	280 元
3.	科學命相	淺野八郎著	220 元
4.	已知的他界科學	陳蒼杰譯	220 元

5. 開拓未來的他界科學	陳蒼杰譯	220 元
6. 世紀末變態心理犯罪檔案	沈永嘉譯	240 元
7. 366 天開運年鑑	林廷宇編著	230 元
8. 色彩學與你	野村順一著	230 元
9. 科學手相	淺野八郎著	230 元
10. 你也能成為戀愛高手	柯富陽編著	220 元
11. 血型與十二星座	許淑瑛編著	230 元
12. 動物測驗—人性現形	淺野八郎著	200 元
13. 愛情、幸福完全自測	淺野八郎著	200 元
14. 輕鬆攻佔女性	趙奕世編著	230 元
15. 解讀命運密碼	郭宗德著	200 元
16. 由客家了解亞洲	高木桂藏著	220 元

・女醫師系列・品冠編號 62

1. 子宮內膜症	國府田清子著	200 元
2. 子宮肌瘤	黑島淳子著	200 元
3. 上班女性的壓力症候群	池下育子著	200 元
4. 漏尿、尿失禁	中田真木著	200 元
5. 高齡生產	大鷹美子著	200 元
6. 子宮癌	上坊敏子著	200 元
7. 避孕	早乙女智子著	200 元
8. 不孕症	中村春根著	200 元
9. 生理痛與生理不順	堀口雅子著	200 元
10. 更年期	野末悅子著	200 元

・傳統民俗療法・品冠編號 63

1. 神奇刀療法	潘文雄著	200 元
2. 神奇拍打療法	安在峰著	200 元
3. 神奇拔罐療法	安在峰著	200 元
4. 神奇艾灸療法	安在峰著	200 元
5. 神奇貼敷療法	安在峰著	200 元
6. 神奇薰洗療法	安在峰著	200 元
7. 神奇耳穴療法	安在峰著	200 元
8. 神奇指針療法	安在峰著	200 元
9. 神奇藥酒療法	安在峰著	200 元
10. 神奇藥茶療法	安在峰著	200 元
11. 神奇推拿療法	張貴荷著	200 元
12. 神奇止痛療法	漆浩著	200 元

・常見病藥膳調養叢書・品冠編號 631

1. 脂肪肝四季飲食	蕭守貴著	200 元

2. 高血壓四季飲食　　　　　　　秦玖剛著　200元
3. 慢性腎炎四季飲食　　　　　　魏從強著　200元
4. 高脂血症四季飲食　　　　　　　薛輝著　200元
5. 慢性胃炎四季飲食　　　　　　馬秉祥著　200元
6. 糖尿病四季飲食　　　　　　　王耀獻著　200元
7. 癌症四季飲食　　　　　　　　　李忠著　200元
8. 痛風四季飲食　　　　　　　　魯焰主編　200元
9. 肝炎四季飲食　　　　　　　　王虹等著　200元
10. 肥胖症四季飲食　　　　　　　李偉等著　200元
11. 膽囊炎、膽石症四季飲食　　　謝春娥著　200元

・彩色圖解保健・ 品冠編號64

1. 瘦身　　　　　　　　　　主婦之友社　300元
2. 腰痛　　　　　　　　　　主婦之友社　300元
3. 肩膀痠痛　　　　　　　　主婦之友社　300元
4. 腰、膝、腳的疼痛　　　　主婦之友社　300元
5. 壓力、精神疲勞　　　　　主婦之友社　300元
6. 眼睛疲勞、視力減退　　　主婦之友社　300元

・心 想 事 成・ 品冠編號65

1. 魔法愛情點心　　　　　　結城莫拉著　120元
2. 可愛手工飾品　　　　　　結城莫拉著　120元
3. 可愛打扮 & 髮型　　　　　結城莫拉著　120元
4. 撲克牌算命　　　　　　　結城莫拉著　120元

・熱 門 新 知・ 品冠編號67

1. 圖解基因與DNA　　（精）　中原英臣 主編　230元
2. 圖解人體的神奇　　（精）　米山公啟 主編　230元
3. 圖解腦與心的構造　（精）　永田和哉 主編　230元
4. 圖解科學的神奇　　（精）　鳥海光弘 主編　230元
5. 圖解數學的神奇　　（精）　柳 谷 晃　 著　250元
6. 圖解基因操作　　　（精）　海老原充 主編　230元
7. 圖解後基因組　　　（精）　才園哲人　 著　230元

・法律專欄連載・ 大展編號58

　　　　　台大法學院　　　法律學系／策劃
　　　　　　　　　　　　　法律服務社／編著
1. 別讓您的權利睡著了(1)　　　　　　　200元
2. 別讓您的權利睡著了(2)　　　　　　　200元

1.	陳式太極拳入門	馮志強編著	180 元
2.	武式太極拳	郝少如編著	200 元
3.	練功十八法入門	蕭京凌編著	120 元
4.	教門長拳	蕭京凌編著	150 元
5.	跆拳道	蕭京凌編譯	180 元
6.	正傳合氣道	程曉鈴譯	200 元
~~7.~~	~~圖解雙節棍~~	~~陳銘遠著~~	~~150 元~~
8.	格鬥空手道	鄭旭旭編著	200 元
9.	實用跆拳道	陳國榮編著	200 元
10.	武術初學指南	李文英、解守德編著	250 元
11.	泰國拳	陳國榮著	180 元
12.	中國式摔跤	黃 斌編著	180 元
13.	太極劍入門	李德印編著	180 元
14.	太極拳運動	運動司編	250 元
15.	太極拳譜	清・王宗岳等著	280 元
16.	散手初學	冷 峰編著	200 元
17.	南拳	朱瑞琪編著	180 元
18.	吳式太極劍	王培生著	200 元
19.	太極拳健身與技擊	王培生著	250 元
20.	秘傳武當八卦掌	狄兆龍著	250 元
21.	太極拳論譚	沈 壽著	250 元
22.	陳式太極拳技擊法	馬 虹著	250 元
23.	三十四式太極劍	闞桂香著	180 元
24.	楊式秘傳 129 式太極長拳	張楚全著	280 元
25.	楊式太極拳架詳解	林炳堯著	280 元
26.	華佗五禽劍	劉時榮著	180 元
27.	太極拳基礎講座:基本功與簡化 24 式	李德印著	250 元
28.	武式太極拳精華	薛乃印著	200 元
29.	陳式太極拳拳理闡微	馬 虹著	350 元
30.	陳式太極拳體用全書	馬 虹著	400 元
31.	張三豐太極拳	陳占奎著	200 元
32.	中國太極推手	張 山主編	300 元
33.	48 式太極拳入門	門惠豐編著	220 元
34.	太極拳奇人奇功	嚴翰秀編著	250 元
35.	心意門秘籍	李新民編著	220 元
36.	三才門乾坤戊己功	王培生編著	220 元
37.	武式太極劍精華 +VCD	薛乃印編著	350 元
38.	楊式太極拳	傅鐘文演述	200 元
39.	陳式太極拳、劍 36 式	闞桂香編著	250 元
40.	正宗武式太極拳	薛乃印著	220 元
41.	杜元化＜太極拳正宗＞考析	王海洲等著	300 元

42. <珍貴版>陳式太極拳　　　　　沈家楨著　280 元
43. 24 式太極拳＋VCD　中國國家體育總局著　350 元
44. 太極推手絕技　　　　　　　　安在峰編著　250 元
45. 孫祿堂武學錄　　　　　　　　孫祿堂著　300 元
46. <珍貴本>陳式太極拳精選　　　馮志強著　280 元
47. 武當趙堡太極拳小架　　　　　鄭悟清傳授　250 元
48. 太極拳習練知識問答　　　　　邱丕相主編　220 元
49. 八法拳　八法槍　　　　　　　武世俊著　220 元
50. 地趟拳＋VCD　　　　　　　　張憲政著　350 元
51. 四十八式太極拳＋VCD　　　楊　靜演示　400 元
52. 三十二式太極劍＋VCD　　　楊　靜演示　300 元
53. 隨曲就伸　中國太極拳名家對話錄　余功保著　300 元
54. 陳式太極拳五功八法十三勢　　闞桂香著　200 元
55. 六合螳螂拳　　　　　　　　　劉敬儒等著　280 元
56. 古本新探華佗五禽戲　　　　　劉時榮編著　180 元
57. 陳式太極拳養生功＋VCD　　　陳正雷著　350 元
58. 中國循經太極拳二十四式　　　李兆生著　280 元
59. <珍貴本>太極拳研究　　唐豪・顧留馨著　250 元
60. 中國跆拳道實戰 100 例　　　　岳維傳著　220 元

・彩色圖解太極武術・大展編號 102

1. 太極功夫扇　　　　　　　　　李德印編著　220 元
2. 武當太極劍　　　　　　　　　李德印編著　220 元
3. 楊式太極劍　　　　　　　　　李德印編著　220 元
4. 楊式太極刀　　　　　　　　　王志遠著　220 元
5. 二十四式太極拳（楊式）＋VCD　李德印編著　350 元
6. 三十二式太極劍（楊式）＋VCD　李德印編著　350 元
7. 四十二式太極劍＋VCD　　　　李德印編著　350 元
8. 四十二式太極拳＋VCD　　　　李德印編著　350 元
9. 16 式太極拳 18 式太極劍＋VCD　崔仲三著　350 元
10. 楊氏 28 式太極拳＋VCD　　　趙幼斌著　350 元

・國際武術競賽套路・大展編號 103

1. 長拳　　　　　　　　　　　　李巧玲執筆　220 元
2. 劍術　　　　　　　　　　　　程慧琨執筆　220 元
3. 刀術　　　　　　　　　　　　劉同為執筆　220 元
4. 槍術　　　　　　　　　　　　張躍寧執筆　220 元
5. 棍術　　　　　　　　　　　　殷玉柱執筆　220 元

・簡化太極拳・大展編號 104

1. 陳式太極拳十三式　　　　　　陳正雷編著　200 元

2. 楊式太極拳十三式	楊振鐸編著	200 元
3. 吳式太極拳十三式	李秉慈編著	200 元
4. 武式太極拳十三式	喬松茂編著	200 元
5. 孫式太極拳十三式	孫劍雲編著	200 元
6. 趙堡式太極拳十三式	王海洲編著	200 元

・中國當代太極拳名家名著・大展編號 106

1. 太極拳規範教程	李德印著	550 元
2. 吳式太極拳詮真	王培生著	500 元
3. 武式太極拳詮真	喬松茂著	420 元

・名師出高徒・大展編號 111

1. 武術基本功與基本動作	劉玉萍編著	200 元
2. 長拳入門與精進	吳彬等著	220 元
3. 劍術刀術入門與精進	楊柏龍等著	220 元
4. 棍術、槍術入門與精進	邱丕相編著	220 元
5. 南拳入門與精進	朱瑞琪編著	220 元
6. 散手入門與精進	張山等著	220 元
7. 太極拳入門與精進	李德印編著	280 元
8. 太極推手入門與精進	田金龍編著	220 元

・實用武術技擊・大展編號 112

1. 實用自衛拳法	溫佐惠著	250 元
2. 搏擊術精選	陳清山等著	220 元
3. 秘傳防身絕技	程崑彬著	230 元
4. 振藩截拳道入門	陳琦平著	220 元
5. 實用擒拿法	韓建中著	220 元
6. 擒拿反擒拿 88 法	韓建中著	250 元
7. 武當秘門技擊術入門篇	高翔著	250 元
8. 武當秘門技擊術絕技篇	高翔著	250 元

・中國武術規定套路・大展編號 113

1. 螳螂拳	中國武術系列	300 元
2. 劈掛拳	規定套路編寫組	300 元
3. 八極拳	國家體育總局	250 元
4. 木蘭拳	國家體育總局	230 元

・中華傳統武術・大展編號 114

1. 中華古今兵械圖考	裴錫榮主編	280 元

·婦幼天地· 大展編號 16

國家圖書館出版品預行編目資料

孫式太極拳十三式/孫劍雲　編著
　　——初版，——臺北市，大展，2004〔民 93〕
　　面；21 公分，——（簡化太極拳；5）
　　ISBN 957-468-290-0（平裝）

1. 太極拳
528.972　　　　　　　　　　　　　　　93002480

孫式太極拳十三式　　　ISBN　957-468-290-0

編　　著/孫劍雲
責任編輯/李彩玲
發 行 人/蔡森明
出 版 者/大展出版社有限公司
社　　址/台北市北投區（石牌）致遠一路 2 段 12 巷 1 號
電　　話/（02）28236031・28236033・28233123
傳　　眞/（02）28272069
郵政劃撥/01669551
網　　址/www.dah-jaan.com.tw
E－mail/service@dah-jaan.com.tw
登 記 證/局版臺業字第 2171 號
承 印 者/高星印刷品行
裝　　訂/協億印製廠股份有限公司
排 版 者/弘益電腦排版有限公司
初版 1 刷/2004 年（民 93 年）5 月

定　價/200 元